Autores varios

Constitución de Malolos

Filipinas

Barcelona 2024
Linkgua-ediciones.com

Créditos

Título original: Constitución de Malolos.

© 2024, Red ediciones S.L.

e-mail: info@linkgua.com

Diseño de cubierta: Michel Mallard.i

ISBN rústica: 978-84-9816-889-1.
ISBN ebook: 978-84-9897-604-5.

Sumario

Constitución de Malolos

Promulgada el 22 de enero de 1899

Constitución Política

Nosotros los Representantes del Pueblo Filipino, convocados legítimamente para establecer la justicia, proveer a la defensa común, promover el bien general y asegurar los beneficios de la libertad, implorando el auxilio del Soberano Legislador del Universo para alcanzar estos fines, hemos votado, decretado y sancionado la siguiente:

Título I. De la República

Artículo 1.º
La asociación política de todos los filipinos constituye una Nación cuyo estado se denomina República Filipina.

Artículo 2.º
La República Filipina es libre e independiente.

Artículo 3.º
La soberanía reside exclusivamente en el pueblo.

Título II. Del Gobierno

Artículo 4.º

El Gobierno de la República es popular, representativo, alternativo y responsable y lo ejercen tres poderes distintos que se denominan legislativo, ejecutivo y judicial.

Nunca podrán reunirse dos o más de estos poderes en una persona o corporación ni depositarse el legislativo en un solo individuo.

Título III. De la religión

Artículo 5.º
El Estado reconoce la libertad e igualdad de todos los cultos así como la separación de la Iglesia y del Estado.

Título IV. De los filipinos y sus derechos nacionales e individuales

Artículo 6.º
Son filipinos:

1.º Todas las personas nacidas en territorio filipino. Una embarcación con pabellón filipino es considerada para este efecto como parte del territorio filipino.

2.º Los hijos de padre, o madre filipinos aunque hayan nacido fuera de filipinas.

3.º Los extranjeros que hayan obtenido carta de naturaleza.

4.º Los que, sin ella, hayan ganado vecindad en cualquier pueblo del territorio filipino.

Se entiende ganada la vecindad con la permanencia durante dos años sin interrupción, en una localidad y contribuyendo a todas las cargas de la nación.
La calidad de filipino se pierde con arreglo a las leyes.

Artículo 7.º
Ningún filipino, ni extranjero podrá ser detenido ni preso uno por causa de delito y con arreglo a las leyes.

Artículo 8.º
Todo detenido será puesto en libertad o entregado a la autoridad judicial dentro de las veinticuatro horas siguientes al acto de la detención.

Toda detención se dejará sin efecto o se elevará a prisión dentro de las setenta y dos horas de haber sido entregado el detenido al Juez competente.

La providencia que se dictare se notificará al interesado dentro del mismo plazo.

Artículo 9.º
Ningún filipino podrá ser preso sino en virtud, de mandamiento de Juez competente.

El auto por el cual se haya dictado el mandamiento se ratificará o repondrá oído el presunto reo, dentro de las setenta y dos horas siguientes al acto de la prisión.

Artículo 10.º
Nadie puede entrar en el domicilio de un filipino o extranjero residente en filipinas sin su consentimiento excepto en los casos urgentes de incendio, inundación, terremoto u otro peligro o de agresión ilegítima procedente de adentro o para auxiliar a persona que desde allí pida socorro.

Fuera de estos casos, la entrada en domicilio de un filipino o extranjero residente en Filipinas y el registro de sus papeles o efectos solo podrán decretarse por Juez competente y ejecutarse de día.

El registro de papeles y efectos se verificará siempre a presencia del interesado o de un individuo de su familia y en su defecto de dos testigos vecinos del mismo pueblo.

Sin embargo, cuando un delincuente hallado in fragante y perseguido por la autoridad con sus agentes se refugiarse en su domicilio, podrán éstos penetrar en él solo para el acto de la aprehensión.

Si se refugiare en domicilio ajeno, precederá requerimiento al dueño de éste.

Artículo 11.º

Ningún filipino podrá ser competido a mudar de domicilio o de residencia sino en virtud de sentencia ejecutoria.

Artículo 12.º

En ningún caso podrá detenerse, ni abrirse por la autoridad gubernativa la correspondencia confiada al correo, ni tampoco de detenerse la telegráfica o telefónica.

Pero en virtud de auto de Juez competente, podrá detenerse, cualquiera correspondencia y también abrirse en presencia del procesado la que se dirija por el correo.

Artículo 13.º

Todo auto de prisión de registro de morada o de detención de la correspondencia escrita, telegráfica o telefónica será motivado.

Cuando el auto carezca de este requisito o cuando los motivos en que se haya fundado se declaren, en juicio ilegítimos o notoriamente insuficientes, la persona que hubiere sido presa o cuya prisión no se hubiere ratificado dentro del plazo señalado en el Artículo 9.º, o cuyo domicilio hubiere sido allanado o cuya correspondencia hubiere sido detenida, tendrá derecho a reclamar las responsabilidades consiguientes.

Artículo 14.º

Ningún filipino podrá ser procesado ni sentenciado, sino por el Juez, o tribunal a quien, en virtud de leyes anteriores al delito competa su conocimiento y en la forma que éstas prescriban.

Artículo 15.º

Toda persona detenida o presa sin las formalidades legales fuera de los casos previstos en esta Constitución será puesta en libertad a petición suya o de cualquier filipino.

Las leyes determinarán la forma de proceder sumariamente en este caso como las penas personales y pecunarias en que haya de incurrir el que ordenare, ejecutare o hiciere ejecutar la detención o prisión ilegal.

Artículo 16.º

Nadie podrá ser privado temporal o perpetuamente de sus bienes y derechos ni turbado en la posesión de ellos sino en virtud de sentencia judicial.

Los funcionarios que bajo cualquier pretexto, infrinjan esta prescripción serán personalmente responsables del daño causado.

Artículo 17.º

Nadie podrá ser expropiado de sus bienes, sino por causa de necesidad y utilidad común previamente justificadas y declaradas por la autoridad correspondiente mediante indemnización, al propietario, con anticipación a la expropiación.

Artículo 18.º

Nadie está obligado a pagar contribución que no haya sido votada por la asamblea a por las corporaciones populares legalmente autorizadas para imponerla y cuya exacción no se haga en la forma prescrita por la ley.

Artículo 19.º

Ningún filipino que se halle en el pleno goce de sus derechos civiles y políticos podrá ser impedido en el libre ejercicio de los mismos.

Artículo 20.º
Tampoco podrá ser privado ningún filipino:

1.º Del derecho de omitir libremente sus ideas y opiniones ya de palabra, ya por escrito, valiéndose de la imprenta o de otro procedimiento semejante;
2.º Del derecho de asociarse para todos los fines de la vida humana que no sean contrarios a la moral pública y por último;
3.º Del derecho de dirigir peticiones individuales o colectivamente, a los poderes públicos y a las autoridades.
El derecho de petición no podrá ejercerse por ninguna clase de fuerza armada.

Artículo 21.º
El ejercicio de los derechos expresados en el Artículo anterior, estará sujeto a las disposiciones generales que los regulen.

Artículo 22.º
Los delitos que se cometan con ocasión del ejercicio de los derechos consignados en este Título serán penados por los tribunales con arreglo a las leyes comunes.

Artículo 23.º
Todo filipino podrá fundar y mantener establecimientos de instrucción o de educación, con arreglo a las prescripciones que se establezca.
La enseñanza popular se obligatoria y gratuita en las escuelas de la Nación.

Artículo 24.º

Todo extranjero podrá establecer libremente en territorio filipino, con sujeción a las disposiciones que regulen la materia, ejercer en él su industria o dedicarse a cualquiera profesión para cuyo desempeño no exijan las leyes Títulos de aptitud expedidos por las autoridades nacionales.

Artículo 25.º

A ningún filipino que esté en el pleno goce de sus derechos políticos civiles podrá impedírsele salir libremente del territorio ni trasladar su residencia y haberes a país extranjero, salvas las obligaciones de contribuir al servicio militar y al mantenimiento de las cargas públicas.

Artículo 26.º

El extranjero que no estuviere naturalizado no podrá ejercer en Filipinas cargo alguno que tenga aneja autoridad o jurisdicción.

Artículo 27.º

Todo filipino está obligado a defender la Patria con las armas cuando sea llamado por la ley, y a contribuir a los gastos del Estado en proporción a sus haberes.

Artículo 28.º

La enumeración de los derechos consignados en este Título no implica la prohibición de cualquier otro no consignado expresamente.

Artículo 29.º

No será necesaria la previa autorización para procesar ante los funcionarios públicos cualquiera que sea el delito que cometieren.

El mandato superior no eximirá de responsabilidad en los casos de infracción manifiesta, clara y terminante de una prescripción constitucional. En las demás solo eximirá a los agentes que no ejerzan autoridad.

Artículo 30.º
Las garantías consignadas en los artículos 7.º, 8.º, 9.º, 10.º y 11.º, y párrafos 1.º y 2.º del 20.º no podrán suspenderse en toda la República ni en parte de ella, sino temporalmente y por medio de una ley, cuando lo exija la seguridad de Estado en circunstancias extraordinarias.

Promulgada aquélla en el territorio a que se aplicare regirá durante la suspensión una ley especial, según circunstancias lo exijan.

Tanto ésta como aquélla serán votadas en la Asamblea Nacional y en el caso de que ésta estuviese cerrada, el Gobierno queda facultado para dictarla, de acuerdo con la comisión permanente, sin perjuicio de convocar a aquélla a la mayor brevedad y dar cuenta de los que hubiera hecho.

Pero ni en una ni en otra ley se podrán suspender más garantías que las consignadas en el primer párrafo de este Artículo, ni autorizar al gobierno para extrañar del país no deportar a ningún filipino.

En ningún caso los jefes militares o civiles podrán establecer otra penalidad que la prescrita previamente por la ley.

Artículo 31.º
En la República Filipina nadie puede ser juzgado por leyes privativas ni por tribunales especiales. Ninguna persona ni

corporación puede tener fueros ni gozar emolumentos que no sean compensación de un servicio público y estén fijados por la ley. Subsiste el fuero de guerra y marina solamente para los delitos y faltas que tengan conexión íntima con la disciplina militar y marítima.

Artículo 32.º

Ningún filipino podrá establecer mayorazgos, ni instituciones vinculadoras de la propiedad ni aceptar honores, condecoraciones o Títulos honoríficos y de nobleza de las naciones extranjeras sin autorización del Gobierno.

Tampoco podrá establecer el Gobierno de la República las instituciones señaladas en el párrafo anterior ni otorgar honores, condecoraciones o Títulos honoríficos y de nobleza a ningún filipino.

La nación, sin embargo premiará por una asamblea los servicios eminentes que presten los ciudadanos a la Patria.

Título V. Del poder legislativo

Artículo 33.º
El poder legislativo se ejercerá por una asociación de representantes de la Nación.

Esta asamblea estará organizada en la forma y condiciones determinadas por la ley que al efecto se dicte.

Artículo 34.º
Los miembros de la Asamblea representarán a toda la Nación y no exclusivamente a los electores que les nombraron.

Artículo 35.º
Ningún representante podrá admitir de sus electores mandato alguno imperativo.

Artículo 36.º
La Asamblea se reunirá todos los años corresponde al Presidente de la República convocarla, suspender y cerrar sus sesiones y disolverla, de acuerdo con la misma o con la comisión permanente, en su defecto y dentro de los plazos legales.

Artículo 37.º
La Asamblea estará abierta, al menos tres meses cada año, sin incluir en este tiempo el que se invierta en su Constitución.

El Presidente de la República la convocará a más tardar, para el día 15 de abril.

Artículo 38.º

En caso extraordinario podrá convocarla fuera del período legal de acuerdo con la comisión permanente y prolongar la legislatura siempre que el plazo no exceda de un mes ni se verifique más de dos veces en la misma legislatura.

Artículo 39.º

La Asamblea Nacional, en unión de los representantes extraordinarios formará las constituyentes para proceder a la reforma de la Constitución y a la elección del nuevo Presidente de la República, convocadas con un mes por lo menos, de anticipación a la terminación de los poderes de aquél.

En caso de muerte o de dimisión del Presidente de la República, la Asamblea se reunirá en seguida por derecho propio y a iniciativa de su Presidente o de la comisión permanente.

Artículo 40.º

Interín se procede al nombramiento de nuevo Presidente de la República, ejercerá sus funciones el Presidente de la Corte Suprema de Justicia que será sustituido por uno de los miembros de esta Tribunal con arreglo a las leyes.

Artículo 41.º

Cualquiera reunión de la Asamblea que reverifique fuera del período de legislatura ordinaria, será ilícita y nula.

Exceptúanse el caso previsto por el Título 39, y el que la Asamblea se constituya en Tribunal de Justicia, no pudiendo ejercer este último caso, otras funciones que las judiciales.

Artículo 42.º

Las sesiones de la Asamblea serán públicas. Sin embargo podrá ser secretas a petición de cierto número de sus individuos, por el reglamento, decidiéndose después por mayoría absoluta de votos de los miembros presentes si la discusión sobre el mismo objeto ha de continuar en público.

Artículo 43.º

El Presidente de la República se comunicará con la Asamblea por medio de mensajes que serán leídos en la tribuna por un Secretario del Gobierno.

Los secretarios de Gobierno tendrán, siempre que la pidan, y podrán hacerse representar en la discusión de un proyecto determinado por comisionados designados por decreto del Presidente de la República.

Artículo 44.º

Podrá constituirse la Asamblea en Tribunal de Justicia para juzgar los delitos cometidos contra la seguridad del Estado por el Presidente de la República e individuos del Consejo de Gobierno, por el Presidente de la Corte Suprema de Justicia y por el Procurador General de la Nación por medio de un decreto de la misma o de la comisión permanente en su defecto, o del Presidente de la República a propuesta del Procurador General o del Consejo de Gobierno.

Las leyes determinarán del modo de proceder para la acusación, instrucción y remisión.

Artículo 45.º

Ningún miembro de la Asamblea podrá ser perseguido ni molestado por las opiniones que exprese, ni por los votos que emita en el ejercicio de su cargo.

Artículo 46.º

Ningún individuo de la Asamblea podrá ser procesado en materia criminal sin autorización de la misma o de la comisión permanente, a la que se dará cuenta inmediatamente del hecho, para la resolución que proceda.

La prisión, detención o aprehensión de un miembro de la Asamblea no podrá llevarse a cabo, sin previa autorización de la misma o de la comisión permanente. Pero una vez notificada la Asamblea sobre el auto de prisión, incurrirá en responsabilidad si, dentro de dos días siguientes a la notificación no autorizare la prisión o manifestare los motivos en que se funde su negativa.

Artículo 47.º
La Asamblea Nacional tendrá además las facultades siguientes.

1.ª Formar el Reglamento para su Gobierno interior;
2.ª Examinar la legalidad de las elecciones y la aptitud legal de los individuos elegidos;
3.ª Nombrar al constituirse, su Presidente, Vice Presidente y Secretarios.

Mientras la Asamblea no sea disuelta su Presidente, Vice Presidente y Secretarios, continuarán ejerciendo sus cargos durante las cuatro legislaturas, y;

4.ª Admitir las dimisiones presentadas por sus individuos y conceder las licencias con sujeción al Reglamento.

Artículo 48.º
Ningún proyecto podrá llegar, a ser ley sin que antes sea votado en la Asamblea.

Para votar las leyes se requiere la presencia en la Asamblea de la cuarta parte, cuando menos, del número total do los individuos que tengan aprobadas sus actas y hayan prestado juramento.

Artículo 49.º

Ningún proyecto de ley puede aprobarse por la Asamblea sino después de haber sido votado en su totalidad y después Artículo por Artículo.

Artículo 50.º

La Asamblea tiene el derecho de censura, y cada uno de sus individuos el de interpelación.

Artículo 51.º

La iniciativa de las leyes corresponde al Presidente de la República y a la Asamblea.

Artículo 52.º

El Representante de la Asamblea que acepte del Gobierno pensión, empleo o comisión con sueldo, se entenderá que renuncia a su cargo.

Exceptúanse de esta disposición el empleo de Secretario de Gobierno de la República, y otros cargos señalados en leyes especiales.

Artículo 53.º

El cargo de Representante dura cuatro años y tienen derecho los que la ejerzan por vía de indemnización a una suma determinada por la ley con arreglo a las circunstancias.

Título VI. De la Comisión permanente

Artículo 54.º

La Asamblea, antes de cerrar sus sesiones, elegiría siete de sus miembros para que formen la Comisión permanente durante el período en que esté cerrada debiendo ésta en su primera sesión, designar Presidente y Secretarios.

Artículo 55.º

Son atribuciones de la Comisión permanente, en defecto de la Asamblea:

1.ª Declarar si hay o no lugar a formación de causa contra el Presidente de la Corte Suprema de Justicia y Procurador General en los casos previstos por esta Constitución;

2.ª Convocar a la Asamblea a una reunión extraordinaria en los casos en que deba constituirse en Tribunal de Justicia.

3.ª Dar tramite a los negocios que subieren quedado pendientes para que puedan tomarse en consideración.

4.ª Convocar a la Asamblea a las sesiones extraordinarias cuando la exigencia del caso la demande, y;

5.ª Suplir a la Asamblea en sus facultades con arreglo a la Constitución, excepción hecha de la facultad de hacer y votar las leyes.

La comisión permanente se reunirá siempre que fuere convocada por el que la presida, con arreglo a esta Constitución.

Título VII. Del poder ejecutivo

Artículo 56.º
El poder ejecutivo residirá en el Presidente de la República que lo ejerce por medio de sus Secretarios.

Artículo 57.º
La gestión de los intereses peculiares de los pueblos de las provincias y del estado corresponde respectivamente, a las asambleas populares, a las asambleas provinciales y a la administración activa con arreglo a las leyes y sobre la base de la más amplia descentralización y autonomía administrativas.

Título VIII. Del presidente de la República

Artículo 58.º
El Presidente de la República será elegido por mayoría absoluta de votos por la Asamblea y los Representes especiales reunidos en Cámara constituyente.
Su nombramiento será por cuatro años y será reelegible.

Artículo 59.º
El Presidente de la República tendrá la iniciativa de las leyes. Así como los miembros de la Asamblea y promulgará las leyes cuando hayan sido votadas y aprobadas por ésta y vigilará y asegurará su ejecución.

Artículo 60.º
La potestad de hacer ejecutar las leyes se extiende a todo cuanto conduce a la conservación del orden público en el interior y a la seguridad del Estado en el exterior.

Artículo 61.º
El Presidente de la República promulgará las leyes dentro de los veinte días siguientes al en que le haya sido trasmitida por la Asamblea la aprobación definitiva.

Artículo 62.º
Si dentro de este plazo no fueren promulgadas, el Presidente las devolverá a la Asamblea con justificación de las causas de su detención, procediéndose en tal caso a su revisión y no se entenderá que insiste en ellas si no las reproduce por el voto de las dos terceras partes de los miembros presentes de la Asamblea. Reproducida la ley en la forma indicada, el Go-

bierno la promulgará dentro de diez días, haciendo constar su no conformidad.

A lo mismo quedará obligado el Gobierno si dejare pasar el plazo de veinte días sin devolver la ley a la Asamblea.

Artículo 63.º

Cuando la promulgación de una ley haya sido declarada urgente por votación expresa, o mayoría absoluta de votos de la Asamblea, el Presidente de la República podrá pedir a aquélla por un mensaje motivado una nueva deliberación la cual no podrá ser negada y aprobada de nuevo la misma ley, será promulgada dentro del plazo legal, sin perjuicio de que el Presidente pueda hacer constar su no conformidad.

Artículo 64.º

La promulgación de las leyes se verificará mediante su publicación en el periódico oficial de la República, y tienen fuerza de obligar a los treinta días siguientes al de la publicación.

Artículo 65.º

El Presidente de la República dispone las fuerzas de mar y tierra, declara la guerra y hace y ratifica la paz, previo acuerdo de la asamblea.

Artículo 66.º

Los tratados de paz no serán definitivos sino después de votados por la Asamblea.

Artículo 67.º

Además de las facultades necesarias para la ejecución de las leyes, corresponde al Presidente de la República:

1.º Conferir los empleos civiles y militares con arreglo a las leyes.

2.º Nombrar los secretarios de Gobierno.

3.º Dirigir las relaciones diplomáticas y comerciales con las demás potencias.

4.º Cuidar de que en todo el territorio se administre pronta y cumplida justicia.

5.º Indultar a los delincuentes con arreglo a las leyes salvo lo dispuestos relativamente los Secretarios de Gobierno.

6.º Presidir las solemnidades nacionales y recibir a los enviados y representantes de las Potencias extranjeras acreditados cerca de él.

Artículo 68.º

El Presidente de la República necesita estar autorizado por una ley especial:

1.º Para enajenar, ceder o permutar cualquiera parte del territorio filipino.

2.º Para incorporar cualquier otro territorio al filipino.

3.º Para admitir tropas extranjeras en el territorio filipino.

4.º Para ratificar los tratados de alianza ofensiva y defensiva, los especiales de comercio, los que estipulen dar subsidios a una potencia extranjera, y todos aquéllos que puedan obligar individualmente a los filipinos.

En ningún caso los artículos secretos de un tratado podrán derogar los públicos.

5.º Para conceder amnistías e indultos generales.

6.º Para acuñar moneda.

Artículo 69.º

Al Presidente de la República corresponde la facultad de dictar reglamentos para el cumplimiento y aplicación de las leyes previos los requisitos que las mismas señalen.

Artículo 70.º
El Presidente de la República podrá previo acuerdo adoptado por mayoría de votos de Representantes, disolver la Asamblea antes de la expiración del plazo legal de su mandato.

En este caso se convocarán para nuevas elecciones dentro del término de tres meses.

Artículo 71.º
El Presidente de la República solo será responsable en los casos de alta traición.

Artículo 72.º
La dotación del Presidente de la República será fijada por una ley especial, que no podrá variarse sino al fin de período presidencial.

Título IX. De los secretarios de Gobierno

Artículo 73.º
El consejo de Gobierno se compone de un Presidente y siete Secretarios, que tendrán a su cargo las carteras de:
Negocios extranjeros
Interior
Hacienda
Guerra y marina
Instrucción pública
Comunicaciones y Obras Públicas
Agricultura, Industrias y Comercio

Artículo 74.º
Todo lo que el Presidente de la República mandare o dispusiere en el ejercicio de su autoridad será firmado por el Secretario a quien corresponda. Ningún funcionario público dará cumplimiento a lo que carezca de este requisito.

Artículo 75.º
Los Secretarios de Gobierno son responsables solidariamente ante la Asamblea de la política general del Gobierno e individualmente de sus actos personales.
Al Procurador general de la Nación corresponde acusarlos, y a la Asamblea juzgarlos.
Las leyes determinarán los casos de responsabilidad de los Secretarios de Gobierno, las penas a que estén sujetos y el modo de proceder contra ellos.

Artículo 76.º

Para el indulto éstos si fueren condenados por la Asamblea, ha de preceder petición de la mayoría absoluta de Representantes.

Título X. Del poder judicial

Artículo 77.º
A los tribunales corresponde exclusivamente la potestad de aplicar las leyes, a nombre de la Nación en los juicios civiles y criminales,

Unos mismos códigos regirán en toda la República, sin perjuicio de las variaciones que por particulares circunstancias determinen las leyes.

En ellos no se establecerá más que un solo fuero para todos los ciudadanos en los juicios comunes, civiles y criminales.

Artículo 78.º
Los tribunales no aplicarán los reglamentos generales y municipales sino en cuanto estén conformes con las leyes.

Artículo 79.º
El ejercicio del poder judicial radica en una Corte Suprema de Justicia, y en los tribunales que se determinen en las leyes.

Su composición, organización y demás atribuciones se regirán por las leyes orgánicas que se determinen.

Artículo 80.º
El Presidente de la Corte Suprema de Justicia y el Procurador General serán nombrados por la Asamblea Nacional en concurrencia con el Presidente de la República y Secretario de Gobierno y tendrá absoluta independencia de los poderes legislativo y ejecutivo.

Artículo 81.º

Todo ciudadano podrá entablar acción pública contra los individuos todos del Poder judicial por los delitos que cometieren en el ejercicio de su cargo.

Título XI. De las Asambleas provincial y populares

Artículo 82.º

La organización y atribuciones de las Asambleas provinciales y populares se regirán por sus respectivas leyes.

Estas se ajustarán a los principios siguientes:

1.º Gobierno y dirección de los intereses peculiares de la provincia o del pueblo por las respectivas corporaciones siendo el principio de elección popular y directa el fundamento para la Constitución de las mismas.

2.º Publicidad de las sesiones de unas y otras, dentro de los límites señalados por la ley.

3.º Publicación de los presupuestos, cuentas y acuerdos importantes de las mismas.

4.º Intervención del Gobierno y, en su caso de la Asamblea Nacional para impedir que las provincias y los municipios se extralimiten en sus atribuciones en perjuicio de los intereses generales e individuales.

5.º Determinación de sus facultades en materia de impuestos, a fin de que los provinciales y municipales no se hallen en oposición con el sistema tributario del Estado.

Título XII. De la administración del Estado

Artículo 83.º
El Gobierno presentará todos los años a la Asamblea los presupuestos de gastos y de ingresos, expresando las alteraciones que haya hecho en lo del año anterior, acompañando al mismo tiempo un balance del último ejercicio con arreglo a la ley.

Cuando la Asamblea se reúna, los presupuestos habrán de presentarse a la misma dentro de los diez días siguientes a su reunión.

Artículo 84.º
Ningún pago podrá hacerse sin con arreglo a la ley de presupuestos u otra especial en la forma y bajo la responsabilidad que las leyes determinen.

Artículo 85.º
El Gobierno necesita estar autorizado por una ley para disponer de los bienes y propiedades del Estado, y para tomar caudales a préstamo sobre el crédito de la nación.

Artículo 86.º
La deuda pública que se contraiga por el Gobierno de la República, con arreglo a esta Constitución, estará bajo en salvaguardia especial de la Nación.

No se hará ningún empréstito sin que se voten al mismo tiempo los recursos necesarios para pagarlo.

Artículo 87.º

Todas las leyes referentes a ingresos gastos públicos o crédito público se considerarán como parte de las de presupuestos y se publicarán con este carácter.

Artículo 88.º
La Asamblea fijará todos los años, a propuesta del Presidente de la República, las fuerzas militares de mar y tierra.

Título XIII

Artículo 89.º

La Asamblea, por sí o a propuesta del Presidente de la República, podrá acordar la reforma de la Constitución señalando al efecto, el Artículo o artículos que hayan de modificarse.

Artículo 90.º

Hecha esta declaración, el Presidente de la República disolverá la Asamblea, y convocará la constituyente que se reunirá dentro de los tres meses siguientes. En la convocatoria se insertará la resolución de que hable el Artículo anterior.

Título XIV. De la observancia y de los idiomas y juramento constitucional

Artículo 91.º

El Presidente de la República, el Gobierno, la Asamblea y todos los ciudadanos filipinos guardarán fielmente la Constitución; y el Poder Legislativo inmediatamente después de aprobar la ley de presupuestos examinará si la Constitución ha sido exactamente observada y si sus infracciones están corregidas, proveyendo lo conveniente para que se haga efectiva la responsabilidad de los infractores.

Artículo 92.º

El Presidente de la República y todos los demás funcionarios de la Nación no podrán entrar en el ejercicio de sus funciones sin prestar juramento.

Este juramento se prestará por el Presidente de la República ante la Asamblea Nacional.

Los demás funcionarios de la Nación lo prestarán ante las autoridades que determinen las leyes.

Artículo 93.º

El empleo de las lenguas usadas en Filipinas es potestativo. No puede regularse sino por la ley y solamente para los actos de la autoridad pública y los asuntos judiciales. Para estos actos se usará por ahora la lengua castellana.

Disposiciones transitorias

Artículo 94.°
Interín y sin perjuicio de los dispuesto en el Artículo 48.° y las comisiones que nombren la Asamblea para que redacten y sometan a la misma las leyes orgánicas para el desenvolvimiento y aplicación de los derechos otorgados a los ciudadanos filipinos y para el régimen de los poderes públicos en ella determinados, se considerarán leyes de la República que se hallaban urgentes en estas Islas antes de la emancipación de las mismas.

Igualmente se consideran urgentes las disposiciones del Código Civil respecto al matrimonio y Registro Civil suspendidas por el Gobierno General de estas Islas, la Instrucción de 26 de abril de 1888 para llevar a ejecución los artículos 77.°, 78.°, 79.° y 82.° de dicho Código, la ley Registro Civil de 17 de junio 1870 a que se refiere el Artículo 332 del mismo, y el Reglamento de 13 de diciembre siguiente para la ejecución de esta ley, sin perjuicio de que los jefes locales continúen encargados de las inscripciones en el Registro Civil e intervengan en la celebración del matrimonio de los católicos.

Artículo 95.°
Mientras no están aprobadas y rijan las leyes a que se refiere el Artículo anterior podrán modificarse por alguna ley especial las disposiciones de las leyes españolas; que dicho Artículo pone en rigor provisionalmente.

Artículo 96.°
Promulgadas las leyes que la Asamblea apruebe con arreglo de Artículo 94.°, el Gobierno de la República queda fa-

cultado para dictar los decretos y reglamentos necesarios para la inmediata Constitución de todos los organismos del Estado.

Artículo 97.º
El actual Presidente del Gobierno Revolucionario tomará desde luego el Título de Presidente de la República y ejercerá este cargo hasta que una vez convocada la Asamblea constituyente, proceda a la elección del que ha de ejercer el cargo definitivamente.

Artículo 98.º
Este Congreso, con los miembros que lo componen y vayan viniendo por sufragio por decreto, durará cuatro años o sea toda la presente legislatura, empezando ésta el 15 de abril próximo venidero.

Artículo 99.º
No obstante la regla general establecida en el párrafo 2.º del Artículo 4.º interín tenga el país que luchar por su independencia, queda facultado el Gobierno para resolver durante la clausura del Congreso las cuestiones y dificultades no previstas por las leyes, que susciten acontecimientos imprevistos mediante decretos de que dará conocimiento a la Comisión permanente y cuenta a la Asamblea en la primera reunión que se celebre con arreglo a los preceptos de esta Constitución.

Artículo 100.º
Se suspende hasta la reunión de la Asamblea constituyente la ejecución del Artículo 5.º Título 3º.

Entretanto los municipios de los pueblos que requieran el ministerio espiritual de algún sacerdote filipino, proveerán a la manutención necesaria del mismo.

Artículo 101.º

No obstante lo dispuesto en los Artículos 62.º y 63.º las leyes devueltas por el Presidente de la República al Congreso, no podrán reproducirse sino en la legislatura del año siguiente quedando esta suspensión bajo la responsabilidad del Presidente y su consejo de Gobierno. Hecha la reproducción en estas condiciones será obligatoria su promulgación dentro de diez días, haciendo constar el Presidente su no conformidad.

Si la reproducción se hicieren legislaturas ulteriores se tendrá como ley votada por primera vez.

Artículo adicional

Se entienden restituidos al Estado filipino desde el día 24 mayo último que se han constituido el Gobierno Dictatorial en Cavite, todas las haciendas edificios y demás bienes que tenían las corporaciones religiosas en estas Islas.

Barasoaín, veinte de enero de mil ocho cientos noventa y nueve.

PEDRO A. PATERNO
El Presidente del Congreso

PABLO TECSON
PABLO OCAMPO
Los Secretarios

Libros a la carta

A la carta es un servicio especializado para
empresas,
librerías,
bibliotecas,
editoriales
y centros de enseñanza;
y permite confeccionar libros que, por su formato y concepción, sirven a los propósitos más específicos de estas instituciones.

Las empresas nos encargan ediciones personalizadas para marketing editorial o para regalos institucionales. Y los interesados solicitan, a Título personal, ediciones antiguas, o no disponibles en el mercado; y las acompañan con notas y comentarios críticos.

Las ediciones tienen como apoyo un libro de estilo con todo tipo de referencias sobre los criterios de tratamiento tipográfico aplicados a nuestros libros que puede ser consultado en Linkgua-ediciones.com.

Linkgua edita por encargo diferentes versiones de una misma obra con distintos tratamientos ortotipográficos (actualizaciones de carácter divulgativo de un clásico, o versiones estrictamente fieles a la edición original de referencia).

Este servicio de ediciones a la carta le permitirá, si usted se dedica a la enseñanza, tener una forma de hacer pública su interpretación de un texto y, sobre una versión digitalizada «base», usted podrá introducir interpretaciones del texto fuente. Es un tópico que los profesores denuncien en clase los desmanes de una edición, o vayan comentando errores de interpretación de un texto y esta es una solución útil a esa necesidad del mundo académico.

Asimismo publicamos de manera sistemática, en un mismo catálogo, tesis doctorales y actas de congresos académicos, que son distribuidas a través de nuestra Web.

El servicio de «libros a la carta» funciona de dos formas.

1. Tenemos un fondo de libros digitalizados que usted puede personalizar en tiradas de al menos cinco ejemplares. Estas personalizaciones pueden ser de todo tipo: añadir notas de clase para uso de un grupo de estudiantes, introducir logos corporativos para uso con fines de marketing empresarial, etc. etc.

2. Buscamos libros descatalogados de otras editoriales y los reeditamos en tiradas cortas a petición de un cliente.